사각형

게리 베일리 · 펠리샤 로 글 | 마이크 필립스 그림 | 김경진 옮김

미래i아이

레오

3만 년 전 구석기 시대 아이.
지능 지수가 아주 높고,
창의적이며 시대를 앞서간다.

안녕!
내가 레오야.

팔라스

레오의 애완동물.

내가 애완
동물이라고?
헐~

'석기 시대'라고 불러도 될 만큼 수백만 년 전부터
팔라스의 조상들은 지구에서 살았다.
레오의 조상들보다 훨씬 더 오래전부터!
그런데 팔라스고양이는 시베리아 북극같이
춥고 얼음으로 뒤덮인 불모지에서만 살기 때문에
요즘에는 잘 볼 수 없다.

사람이 거의 살지 않는
러시아 북쪽의 높은 지대에 가면
팔라스고양이를 볼 수 있어요.

레오가 잘 아는 것들

정사각형	4
모서리	6
격자무늬	8
광장	10
마방진	12
벽과 사각형	14
직사각형	16
평행사변형	18
테셀레이션	20
모자이크	22
스퀘어 댄스	24
연	26
마름모	28
재미난 사각형들	30
찾아보기	32

정사각형

군인처럼 씩씩하게 걸어야해.

"잘 봐! 내가 군인처럼 행진하며 사각형을 그려 볼게."
나는 팔라스에게 시범을 보여 주었어.
"자, 똑바로 걷다가 오른쪽으로 방향을 홱 틀어.
다시 걷다가 오른쪽으로 홱 돌아서 걷고. 또……."

그때 팔라스가 잽싸게 끼어들며 말했어.
"또 오른쪽으로 홱 돌아서 처음 출발한 곳으로 오는 거지?"
팔라스는 내 말뜻을 정확히 이해하고 있었던 거야.

"맞아! 팔라스. 너 제법인데!"
칭찬을 하자 팔라스는 우쭐한 표정을 지었어.
"팔라스, 이번엔 네가 해 봐. 네 번 움직이면 돼. 쉽지?"
그런데 팔라스는 움직이지 않고도 사각형을 만들었어.
가만히 서서 말이야!

팔라스는 다리가 네 개잖아. 네 발로 꾹 누르기만 해도
모서리가 하나, 둘, 셋, 네 개가 바로 생겨.
결국 팔라스를 훈련 시키려던 계획은 물거품이 되고 말았어.

좀 큰가?

 **정사각형**

정사각형은 이차원 도형이에요. 높이와 너비가 있는 도형이라는 뜻이지요.

정사각형은 네 변의 길이가 모두 같아요. 그래서 높이와 너비의 길이가 같지요.

수학에서 네 변의 길이가 모두 같다는 표시는 이렇게 나타내요.

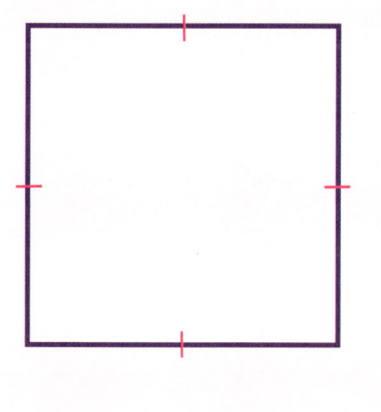

거북 등딱지 모양 공동 방패

로마 시대 군인들은 방패를 사용하여 거북 등딱지 모양을 만들었대요. 아래 사진처럼 머리 위로 방패를 들어 올리거나 몸 앞으로 방패를 들기도 했답니다. 거북 등딱지 모양 공동 방패를 만들면 높은 성벽에서 날아오는 화살이나 물체로부터 몸을 보호할 수 있어요.

▲ 로마 시대 군인들이 방패로 거북 등딱지 모양을 만들어 나아가네요.

▲ 정사각형 탁자에 앉으면 네 명이 공간을 똑같이 나누어 쓸 수 있어요.

모서리

오늘부터 식물을 가꾸어 볼 생각이야.
그러자면 먼저 삽이랑 곡괭이, 막대기 등을 준비해야 돼.
"그건 뭐 하려고 들고 오는 거야?"
팔라스가 궁금하다는 듯 물었어.
"응, 식물을 가꿔 보려고. 구멍을 파고, 씨를 심고,
식물이 자라기를 기다리는 거지."
"우리가? 고양이는 식물 같은 건 가꾸지 않아."
팔라스는 시큰둥한 표정을 지었어.

"네가 도와줘야 해. 식물이 타고 올라갈 수 있게
막대기를 세워야 하거든. 넌 높은 데 잘 올라가잖아."

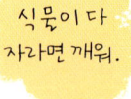

나는 팔라스를 추켜세우며 살살 구슬렸어.

"그냥 줄을 묶기만 하면 돼? 구멍을 파지 않아도 되고,
막대기를 박지 않아도 되고, 씨를 심지 않아도 되는 거야?
그냥 저 위에 올라가서 줄을 묶기만 하면 되냐고?"
팔라스는 내키지 않은 듯 꼬치꼬치 캐물었어.
"대신 꽁꽁 잘 묶어야 해. 줄을 팽팽히 당겨서 서로 직각이
되도록 묶어 줘."

"있잖아, 레오. 그냥 너 혼자 해."

 **정사각형**

정사각형은 모서리 네 개가 크기가 같아요.

정사각형의 변들은 서로 직각으로 만나요. 각의 크기는 '도'로 나타내는데, °로 표현하기도 해요.

직각은 90°를 말해요.

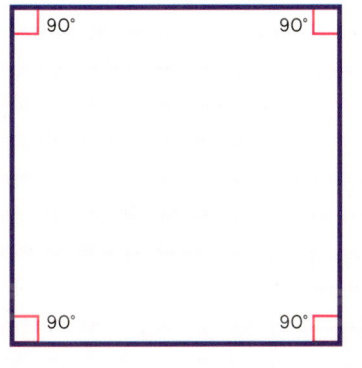

▲ 직각자는 집을 지을 때 모서리의 각이 90도인지 잴 때 사용해요.

▶ 이 틀의 네 각은 모두 90도예요.

▲ 포도나무를 90도 각도로 자라게 하면 햇빛을 골고루 듬뿍 받아 포도가 잘 익어요.

▲ 잔가지들이 굵은 가지와 90도 각도를 이루며 뻗어 있네요.

격자무늬

"팔라스, 도로 한가운데 서 있으면 안 돼!"
"도로라니? 도로가 어디 있다고 그래?"
팔라스가 무슨 뚱딴지같은 소리냐는 듯 되물었어.

"곧 생길 거야. 내가 도시 계획을 짰거든."

나는 팔라스에게 내가 직접 그린
도시 계획 설계도를 보여 주었어.
"이거 봐. 큰 도로가 도시 광장에서 이어지고,
두 개의 작은 도로가 광장과 직각으로 만나. 멋지지?
이 도시를 '레오 시'라고 부를 거야."

팔라스가 존경스럽다는 표정으로 날 쳐다보았어.

"광장 이름은 '팔라스 광장'으로 할 생각이야.
네 이름을 따서."
팔라스 얼굴이 이내 환해졌어.
"와, 그럼 우리 무지 유명해지겠다.
이 도시 사람들이 우리를 다 알아보겠네!"

"아차! 이를 어쩌지? 아직 사람들한테는
말을 안 했어! 이런 계획은 사람들의
동의가 필요하거든."
정말 중요한 걸 깜빡했지 뭐야.
나도 점점 팔라스를 닮아가나 봐.

격자무늬

격자무늬는 서로 직각으로 만나는 선들로 이루어져요. 선들은 90도로 교차하지요.

격자무늬는 지도나 기하학에서 사용하고 있어요.

▶ 지도에 격자무늬가 표시되어 있어서 장소를 찾기가 쉬워요.

좌표

격자무늬 위에 있는 점의 위치를 숫자로 나타낸 것이 좌표예요. 가로선과 세로선에 숫자들이 나열되어 있고, 가로에 있는 숫자와 세로에 있는 숫자를 함께 사용해서 점의 위치를 나타내요.

▼ 논밭은 여러 개의 직선이 만드는 격자무늬 구조로 되어 있어요.

▼ 도시의 도로들이 격자무늬를 만들며 이어져 있어요.

광장

"생각만 해도 멋져! 내 이름을 따서 지은
팔라스 광장이라니!"
팔라스가 잔뜩 꿈에 부풀어 혼자서 중얼거렸어.

"팔라스 광장은 도시의 중심이 될 거야.
많은 도로들이 광장을 지날 거고. 사람들은
햇볕을 쬐며 산책하다가 광장에 앉아
이야기를 나누겠지. 물론 고양이들도.

광장 한가운데는 분수가 있어.
네 귀퉁이에 동상이 하나씩 서 있고.
당연히 내 동상이지.

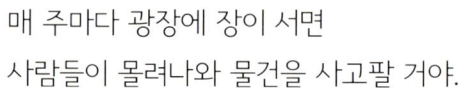

매 주마다 광장에 장이 서면
사람들이 몰려나와 물건을 사고팔 거야.

팔라스 광장은 도시에서 가장 인기 있는 곳이
되는 거지! 아, 생각만 해도 신 난다!"

"저런, 팔라스! 사람들한테 아직 동의를 받지
않았다니까!"

▼ 모로코의 제마엘프나 광장은 '죽은 자의 광장'이라는
뜻으로, 옛날에는 공개 처형 장소였어요. 지금은 낮에는
이야기꾼, 마술사, 뱀 부리는 사람 등 특이한 상인들과
길거리 음식점으로 유명해요.

◀ 그랑플라스는
벨기에의 브뤼셀
한가운데 있는
도시 광장이에요.
2년에 한 번씩,
8월이면 사각형의
'꽃 카펫'을
만들어 놓는대요.

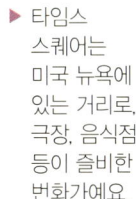 타임스
스퀘어는
미국 뉴욕에
있는 거리로,
극장, 음식점
등이 즐비한
번화가예요.

◀ 영국 런던에
있는 트라팔가
스퀘어도 유명한
도시 광장 가운데
하나예요.

◀ 체코의 체스케
부데요비체
광장도 도시
한가운데에
있는 정사각형
광장이에요.

▲ 중국 천안문은 자금성으로 들어가는
입구 중 하나예요.

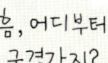

흠, 어디부터
구경가지?

마방진

숫자 퍼즐은 머리를 잘 써서 풀어야 해.
간단해 보여도 사실 쉬운 게 아니거든.
9개의 사각형 안에 1부터 9까지 숫자를
잘 배열해야 해.
숫자의 합은 가로로 더해도, 세로로 더해도,
대각선으로 더해도 항상 15여야 하고.

"나는 이 뼈다귀를 가지고 할래."
팔라스가 뼈다귀를 잔뜩 쌓아 놓고 자기도 하겠다고 나섰어.

"그럼, 뼈다귀 45개를 배열해 봐.
매일 먹는 뼈다귀 개수가 달라야 해.
먹는 순서는 상관이 없지만, 3일 동안 15개를
넘으면 안 돼."

우리는 한참 동안 머리를
쥐어짜며 퍼즐을 풀었어.

드디어 퍼즐 완성!
어? 그런데 둘 다
똑같은 답이 나왔네.
팔라스, 제법이다!

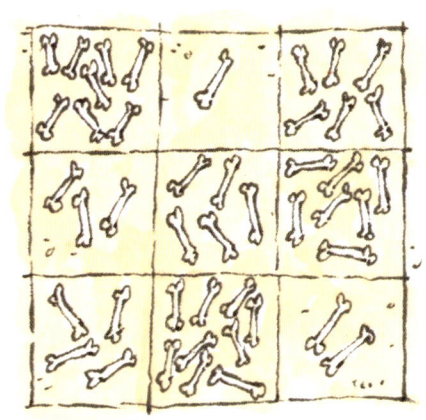

▲ 숫자 퍼즐은 빈칸에 숫자를 채워 넣는 게임이에요. 단, 가로로 숫자를 더해도, 세로로 숫자를 더해도, 대각선으로 숫자를 더해도 합은 모두 같아야 해요.

삼방진

중국에는 '삼방진'이라는 숫자 퍼즐에 대한 전설이 있어요. 4,000년 전 황하강 둑이 넘쳐 자주 홍수를 일으켰대요. 사람들이 강의 신에게 제물을 바쳤지만 소용이 없었지요. 그러던 어느 날, 황하강에서 거북 한 마리가 엉금엉금 기어 나왔어요. 울퉁불퉁한 거북 등딱지에는 격자무늬의 사각형 9개가 있었어요. 정사각형 안에 1에서 9에 해당하는 표시들이 있었는데, 어느 방향으로 더해도 합이 항상 15가 나왔어요. 이를 보고 사람들이 강의 신에게 15가지 제물을 바쳤지요. 그제야 넘쳐흐르던 황하강 물이 줄어들었다고 해요.
이것이 중국식 마방진인 삼방진의 기원이에요.

▲ 황하강의 거북

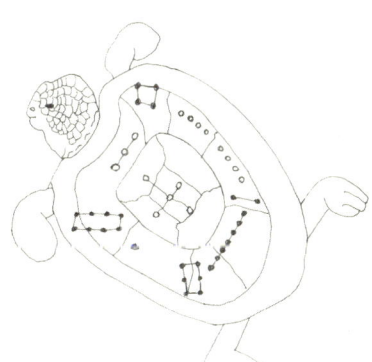

숫자를 정사각형 모양으로 나열하여 가로, 세로, 대각선으로 배열된 각각의 수의 합이 전부 같아지게 만든 것을 마방진이라고 해요.

마방진에서 1에서 9까지의 숫자는 한 번씩만 사용할 수 있어요.

가로로 더한 숫자의 합, 세로로 더한 숫자의 합, 대각선으로 더한 숫자의 합이 항상 같아야 해요.

8	1	6
3	5	7
4	9	2

벽과 사각형

며칠 후에 동굴 미술 전시회를 열거야.
그런데 팔라스는 그게 별로 마음에 안 드나 봐.
"동굴에서 무슨 미술 전시회야.
전시할 게 있기는 해?"

"여기 있는 거 전부 다."
나는 동굴 벽에 그려진 그림을 가리키며 말했어.
"다만 사람들이 여기저기 마구 그려 놓아서 그럴듯하게
다듬긴 해야 해."

팔라스가 고개를 절레절레 흔들었어.
"사람들이 이걸 돈을 내고 볼까?"

"이건 예술이야. 이제부터 이걸 좀 더 예술적으로
보이도록 만들 거야."

틀은 창문이나 문, 그림 같은 사물의
가장자리를 둘러싼 테를 말해요.

그림을 둘러싼 틀은 밋밋하게 하거나
더 정교하게 만들기도 해요.

가끔 금색이나 은색으로 칠하기도
하지요.

내가 그려도
이것보단
낫겠다.

두고 봐.
이제 멋지게
변할테니.

직사각형

직사각형도 정사각형처럼 네 변으로 둘러싸여 있어요. 하지만 정사각형처럼 네 변의 길이가 모두 같지 않아요.

직사각형에서 마주보고 있는 두 변은 길이가 같고 평행을 이루지요.

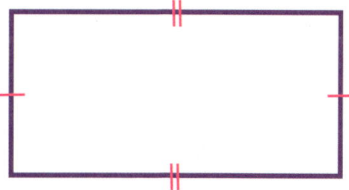

네 모서리의 각은 직각(90°)이에요.

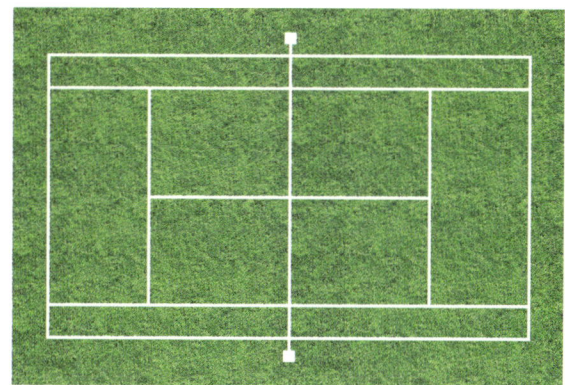

◀ 테니스 코트는 여덟 개의 서로 다른 직사각형으로 이루어져 있어요. 테니스 코트 가장자리도 직사각형이고요.

◀ 축구 경기장도 커다란 직사각형이에요. 안에는 또 다른 직사각형들이 그려져 있어서 선수들이 가야 할 곳, 가지 말아야 할 곳을 표시하고 있어요.

▶ 폭 45~90미터, 길이 90~120미터인 직사각형이 축구 경기장의 표준 크기예요.

평행사변형

개울에 다리를 놓으려고 해. 다리가 있으면
옷도 젖지 않고 편하게 개울을 건널 수 있을 거야.

먼저 정사각형 모양의 크고 편평한 널빤지를
있는 대로 주워 모았어.
혼자서 그 무거운 걸 끙끙대며 날랐지.

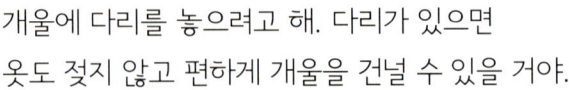

다리가 완성되면
팔라스는 못다니게
할 거야.

그러고는 물에 들어가서 널빤지를 높이 쌓았어.
네 귀퉁이가 꼭 맞게 반듯하게 올리느라
여간 힘들지 않았어.
"아이고, 힘들어. 도대체 팔라스는 어디 간 거야?"

이제 위에다 더 크고 길쭉한 널빤지를 올릴 차례야.
이것은 다리 바닥이 될 거야. 그런데 갈수록 힘이 들어.
옷도 젖은 데다 커다란 널빤지가 너무 무거웠거든.

이번에는 막대기를 길게 잘라서 난간을 만들었어.
막대기들을 정확히 일렬로 연결하는 일도
만만치 않았어.
마주 보는 막대기들이 서로 평행을
이루도록 해야 하거든.

이걸 땐 자는
척하는 게 최고야!

얄미운 팔라스!
내가 일하는 걸 뻔히 알면서도
잠만 자다니!

로프 브리지

밧줄이나 나무 덩굴을 가지고 만든 다리가 어쩌면 인간이 최초로 발명한 다리일 거예요. 달랑 밧줄 한 가닥만 걸쳐져 있는 것도 있고, 좁은 판자가 놓여 있는 경우도 있어요. 이런 다리를 건널 때에는 사람이 붙들 수 있는 난간이 있어야 해요. 다리가 출렁거리기라도 하면 밑으로 떨어질 수 있거든요. 양쪽 난간에 밧줄을 엮어 그물처럼 만들면 훨씬 안전해요.

평행사변형

네 변으로 둘러싸여 있고, 서로 마주보는 두 변이 평행을 이루는 사각형을 평행사변형이라고 해요.

두 변이 평행하다는 것은 서로 늘 같은 거리로 떨어져 있다는 뜻이지요. 그래서 두 변은 결코 만나지 않아요.

정사각형은 평행사변형이에요.

직사각형은 평행사변형이에요.

이런 모양을 마름모라고 하는데, 마름모도 평행사변형이에요.

테셀레이션

팔라스는 못마땅한 표정으로
내가 해 놓은 것을 흘끔거렸어.
내 것은 네모반듯한 돌들이 착착 귀가 맞아
아주 보기가 좋았지.
"돌멩이 모양대로 맞춰 가면서 놓으면 돼."

어느덧 동굴 앞마당에 멋진 돌길이
만들어지고 있었어.
내가 봐도 기가 막힌 예술 작품이야!

팔라스도 나름대로 부지런히 뭔가 하고 있더라고.
그런데 팔라스가 놓은 돌들은 서로 맞지 않았어.

변이 서로 맞지 않고!
모서리가 서로 맞지 않고!
전체 테두리도 삐뚤빼뚤!

팔라스가 만든 돌길은 엉성하고 불규칙했어.
그래도 나름대로 꽤 멋이 나네!

테셀레이션을 이루는 도형

같은 꼴의 도형들이 서로 포개지거나 틈 없이 꼭 맞게 붙어 있어서 평면이나 공간을 완전하게 덮는 것을 테셀레이션이라고 해요.
이때 도형들은 항상 같은 모양으로 만나요.

이렇게 테셀레이션을 이루는 도형은 주로 세 가지랍니다.

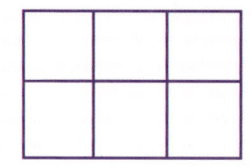
정사각형

정삼각형

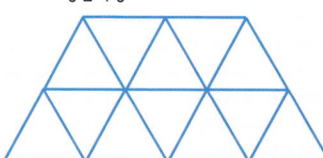

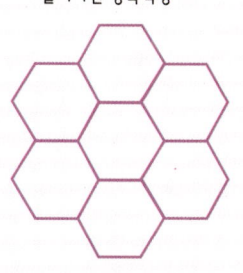
여섯 개의 면으로 둘러싸인 정육각형

◀ 테셀레이션을 이용해 바닥에 타일을 깔아 놓은 모습이에요. 정사각형 타일들이 서로 꼭 맞게 이어져 있어요.

◀ 지붕에 타일이 가지런히 깔려 있네요. 하지만 타일이 서로 겹치기 때문에 테셀레이션은 아니에요.

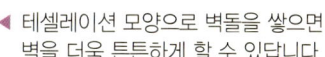

◀ 테셀레이션 모양으로 벽돌을 쌓으면 벽을 더욱 튼튼하게 할 수 있답니다.

판라스, 아직도 깔고 있냐?

두고 봐. 멋진 길이 될 테니.

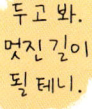

모자이크

팔라스가 벽을 박박 긁어 돌을 파내고 있었어.
"만지면 안 돼! 팔라스, 너 지금 뭐 하는 거야?"
나는 놀라서 소리를 질렀어.
팔라스는 이미 빨간 돌을 하나 파냈고
다시 다른 돌을 파내려다 돌아보았어.

나는 화가 났지만 소리를 죽이며 말했어.
"너 지금 모자이크를 망가뜨리고 있다고!"

다행히 관광객들이 모자이크 조각을
떼어가지 못하게 감시하는
경비원이 졸고 있었어.

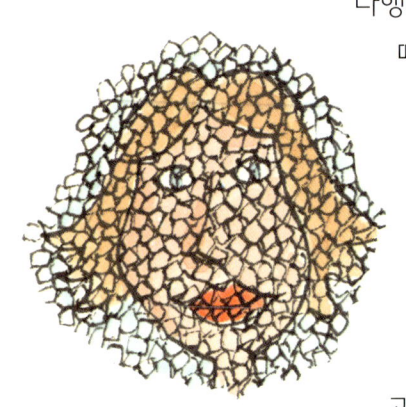

"당장 그만 두고 이리 와."
"이게 너무 헐거워서 내가
깔끔히 정리한 거야."
팔라스는 들은 척도 않고
고집을 부렸어.

"잠깐. 파란색 돌만 좀 빼고."
"어서 오라니까!"
팔라스는 이번에는 노란색 돌을 빼더니
돌들을 한데 모았어.
"기다려 봐. 내가 새로 멋지게 만들어 볼게."

이게 새로 만든 팔라스 작품이야!

▲ 모자이크는 아주 작은 타일이나 색색의 돌로 이루어져 있어요. 물감으로 그림을 그리듯 모자이크로도 그림을 그릴 수 있어요.

로마 시대 모자이크

고대 로마 인들은 모자이크를 이용해 집과 사원 바닥을 장식했어요. 모자이크란 색색의 돌들을 이어 붙여 생기는 무늬를 말해요. 어떤 모자이크는 이어 붙인 조각이 수천 개나 돼요. 이런 모자이크로 동물, 신, 일하는 사람, 예쁜 무늬를 표현했어요.
고고학자들은 수백 년 전에 만들어진 모자이크들도 발견했지요.

▲ 모자이크로 사람을 그릴 수도 있고, 무늬나 풍경을 표현할 수도 있어요.

스퀘어 댄스

"됐어! 이제 춤추자!"
"뭐, 춤?"
팔라스가 질겁을 하며 꽥 소리를 질렀어.
"고양이는 춤을 안 춰!"

"알아. 하지만 좀 도와줘."
나는 하는 수 없이 팔라스를 달래며 사정했어.
"스퀘어 댄스를 추려면 무용수들이 네 쌍 있어야 해.
정사각형 모서리마다 한 쌍씩, 총 네 쌍이 필요해.
우리가 그중 한 쌍이고."

"그래도 세 쌍이 비는데?"
팔라스가 손가락을 꼽으며 물었어.
"맞아. 그래서 우리가 정신없이 돌아다녀야 해.
아무도 눈치 못 채게."

나는 방법을 설명해 주었어.
"정사각형을 가로질러 팔짝팔짝 뛰어.
그런 다음 빙글빙글 돌고 나서 다시 팔짝팔짝 뛰며
제자리로 가는 거야. 이러면 한 쌍이 추는 춤은 끝나."

"그게 다야? 별것 아니네."
"아냐, 들어 봐. 그다음에 또 정사각형을
가로질러 폴짝폴짝 뛰어.
두 번째 쌍이 추는 것처럼 해야 하니까……."
"잠깐! 아무래도 무용수들을 더 데려와야겠다."

정사각형 나누기

대각선은 정사각형의 마주 보는 모서리를 서로 이은 선이에요. 정사각형에는 두 개의 대각선이 있어요.

정사각형에 있는 두 개의 대각선은 길이가 같아요.

두 대각선은 정사각형의 중심을 정확히 교차하지요.

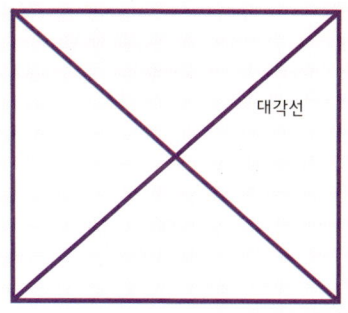
대각선

두 대각선은 정사각형을 모양이 같은 네 개의 삼각형으로 나누어요.

아니면 두 개의 수직선을 이용해 정사각형을 나눌 수도 있어요. 두 수직선은 정사각형 안에서 십자(+) 표시를 만들지요. 그래서 같은 모양의 정사각형 네 개가 생겨요.

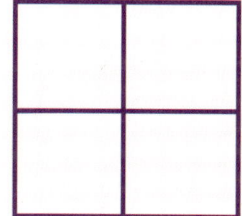

영국 국기

영국 국기는 잉글랜드, 스코틀랜드, 북아일랜드 세 나라의 깃발을 합친 모양이에요. 두 개의 수직선과 두 개의 대각선이 직사각형을 나누고 있는 모양을 확인할 수 있어요.

스퀘어 댄스

스퀘어 댄스는 네 쌍(8명)이 모여 추는 미국의 대표적인 민속춤이에요. 네 쌍은 정사각형 모양을 이루며 자리를 잡지요. 모서리마다 한 쌍씩 서면 돼요. 서로 마주 보는 1번 쌍과 3번 쌍이 중심이 되고, 2번 쌍과 4번 쌍은 보조 역할을 해요. 전통 스퀘어 댄스에는 10~30가지 다른 동작이 있어요. 콜러라 불리는 지휘자가 요구하는 동작을 네 쌍의 사람들이 그때그때 박자에 맞게 바꿔서 추지요.

▲ 이 몽골 춤처럼 정사각형 배열을 하는 춤들이 많아요.

연

연을 만들어 메시지를 날려 보낼 거야.
팔라스는 내가 누구에게 메시지를 보내는지 궁금한가 봐.
"여자 친구 생겼어?"
옆에서 계속 질문을 해.
하지만 나는 대답하지 않았어.

"이 연 꼬리에 메시지를 묶어 하늘 높이 날릴 거야.
그러면 먼 곳에 있는 누군가가 이 메시지를 볼 수 있거든."

"모든 사람들이 다 보겠네?"
"아니. 암호로 적어서 그럴 수 없어."
"그럼 그렇지. 어련하시겠어!"
팔라스도 내가 영리하다는 걸 아나 봐.

팔라스는 메시지를 읽고 싶어 안달을 했어.
정말 나한테 여자 친구가 있다고 믿는 모양이야.
히히. 팔라스를 놀리는 건 언제나 재미있단 말이야!

적군을 감시하는 연

연은 처음에는 놀이가 아니라 군사적인 목적으로 사용되었어요. 어떤 연은 엄청나게 커서 사람을 실어 나를 정도로 튼튼했대요. 이런 연에 매달려 적의 움직임을 감시했다니, 대단하지요? 또 어떤 연은 적진에 전단을 뿌릴 때 사용하기도 했답니다.

▲ 긴 꼬리가 달린 화려한 연이 하늘을 날고 있어요.

연

연은 두 쌍의 면(네 개의 면)으로 이뤄졌어요. 크기가 같은 면 두 개가 서로 만나 한 쌍을 이루지요.

두 쌍의 면이 만나서 생기는 각의 크기는 서로 같아요.

대각선은 서로 직각으로 만나요. 하나의 대각선이 다른 대각선을 정확히 반으로 나누지요.

우리나라의 연은 방패연, 가오리연 등 종류가 다양하답니다.

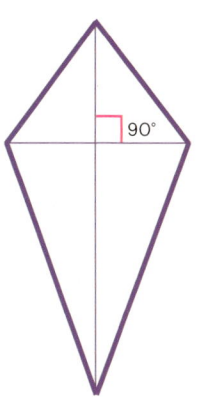

마름모

"이것저것 만드느라 항상 바쁜데, 하루쯤 쉬지 그래?"
팔라스가 내가 걱정된다는 듯이 말했어.

"좋은 생각이야! 그럼 우리 고기 잡으러 가자."
그렇지 않아도 모처럼 팔라스랑 놀고 싶던 참이었어.
"그럼, 보트가 있어야 하잖아."

"그렇구나, 하나 만들지 뭐."
"노도 있어야 하고."
"그래, 노도 하나 만들자."

"작살도 필요하지 않나?"
팔라스는 필요한 것을 하나하나 읊어댔어.

"맞아. 부싯돌을 날카롭게 갈아서 만들면 돼."
생각해 보니 할 게 너무 많아.
오늘 안으로 고기 잡으러 갈 수 있을까?

"있잖아, 레오. 그냥 내가 가서
물고기를 사오는 게 낫지 않을까?"

팔라스, 낚시 가자!

차라리 이 비상식량을 내놓고 말지.

다이아몬드 모양

다이아몬드 모양을 한 부싯돌.

◀ 다이아몬드 모양으로 가공된 보석이에요.

▼ 카드놀이에도 다이아몬드 모양이 있어요.

다이아몬드 모양을 한 노.

다이아몬드 모양을 한 카약.*

다이아몬드 모양을 한 넙치.

▲ 방울뱀의 다이아몬드 무늬는 주위 환경과 비슷해서 쉽게 눈에 띄지 않아요. 덕분에 적으로부터 몸을 보호할 수 있고, 먹잇감에게 슬금슬금 다가갈 수 있지요.

* 카약 : 에스키모가 쓰던 가죽으로 만든 배.

마름모

마름모는 길이가 같은 네 변으로 둘러싸인 도형이에요. 서로 마주 보는 변은 평행을 이루고 서로 마주 보는 각은 크기가 같지요. 마름모에서 두 개의 대각선은 직각으로 교차하면서 서로 반으로 나누어요.

마름모를 종종 다이아몬드 모양이라고도 해요.

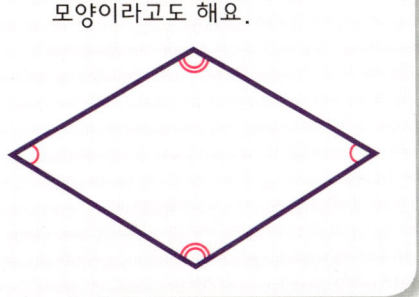

재미난 사각형들

예술가들은 사각형을 즐겨 사용해.
이 작품들을 봐. 사각형이 중요한 역할을 하고 있는 게 보이지?
사각형은 직각 모서리로 둘러싸여 있어서 튼튼해.
그래서 건물, 장난감, 기계 등에서 사각형 모양을 많이 볼 수 있지.
또 게임이나 운동 경기에서 공간을 나눌 때도 사각형을 사용해.

◀ 네덜란드 화가 몬드리안은 굵은 사각형의 직선과 원색을 이용해 그림을 그렸어요.

▲ 독일 화가 파울 클레는 사각형과 삼각형을 이용해 건물들을 그렸어요.

◀ 옵 아트 또는 옵티컬 아트라고 불리는 이것은 착시 현상을 이용한 시각 미술이에요. 사진 속의 원은 사각형들로 이뤄졌어요.

▼ 돌차기 놀이는 땅에 사각형을 그려 놓고 그 안에서 폴짝폴짝 뛰면서 하는 놀이예요.

▲ 허들은 빠른 속도로 달리며 허들(사각형 틀)을 뛰어넘는 육상 경기예요.

▲ 밧줄을 사각형 모양으로 엮어서 줄사다리를 만들었어요.

▲ 체스는 정사각형 무늬의 판 위에서 검은 말과 흰 말을 움직이면서 하는 게임이에요.

용어

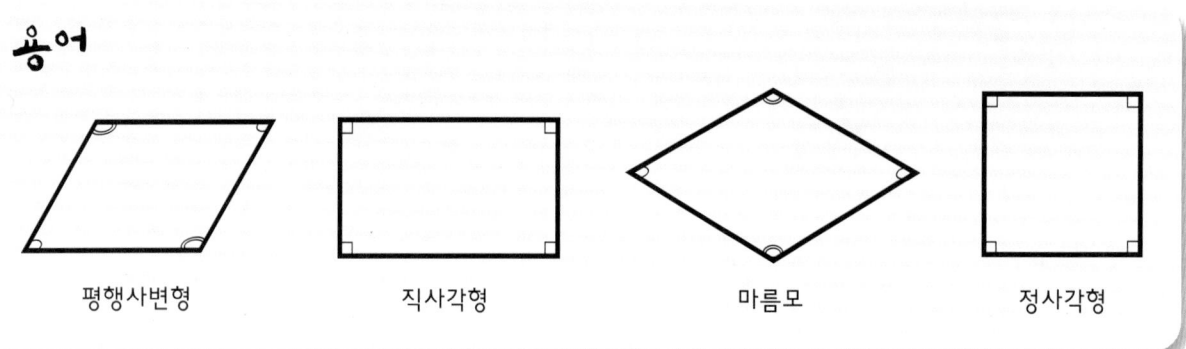

평행사변형   직사각형   마름모   정사각형

찾아보기

각 7, 17, 27, 29
거북 등딱지 모양 공동 방패 5
격자무늬 8, 9, 13
길이 5, 17, 25, 29
깃발 25
너비 5
넙치 29
노 29
높이 5, 18, 26
다이아몬드 29
대각선 12, 13, 25, 27, 29
돌차기 놀이 31
마름모 19, 28, 29
마방진 12, 13
모서리 4, 6, 7, 17, 20, 24, 25, 30
모자이크 22, 23
몬드리안 30
방울뱀 29
방향 4, 13
배열 12, 25
벽돌 21
부싯돌 28, 29

삼각자 7
삼각형 25, 30
삼방진 13
선 9, 25
수학 5
스퀘어 댄스 24, 25
연 26, 27
영국 국기 25
옵 아트 30
이차원 5
장애물 경주 31
정삼각형 21
정육각형 21
좌표 9
줄사다리 31
지도 9
직각 6, 7, 8, 17, 27, 29, 30
직사각형 16, 17, 19
천안문 광장 11
체스 31
축구 경기장 17
카드 29

카약 29
타일 21, 23
타임스 스퀘어 11
테셀레이션 20, 21
트라팔가 스퀘어 11
틀 7, 14, 15, 31
판자 19
평행 17, 18, 19, 29
평행사변형 18, 19
황하강 13

32

글쓴이 게리 베일리

캐나다, 영국, 스페인에서 초등학생, 중학생, 대학생을 가르치기도 했으며, 수많은 어린이 정보 도서와 소설을 집필했습니다. 쓴 책으로는 〈STEAM〉 시리즈, 〈손안에 든 과학〉 시리즈, 〈어린 건축가〉 시리즈 등을 비롯하여 『축제』, 『멸종』, 『위인들: 링컨과 미켈란젤로』 등이 있습니다.

글쓴이 펠리샤 로

영국의 유명 초등학교인 유니콘 스쿨을 설립해 교장을 역임했습니다. 그동안 아이들을 가르친 실제 경험을 바탕으로 무려 300여 권에 이르는 어린이 책을 썼고, 지금도 활발하게 활동하고 있습니다.

그린이 마이크 필립스

흑백텔레비전이 유행하던 시절 영국에서 태어났습니다. 16살 때, 학교를 그만두고 출판업계에서 일했습니다. 낙서와 그림 그리는 것을 취미로만 삼다가 우연히 화가로 발탁되면서 전문 일러스트레이터로 활동하고 있습니다.

옮긴이 김경진

서강대학교 영문과와 이화여자대학교 통번역대학원 번역과를 졸업하였습니다. 이후 영상 번역과 보고서 번역을 해 왔으며, 지금은 잡지와 도서 전문 번역가로 활동 중입니다. 영상 번역한 것으로 〈푸드 채널 프로그램〉, 〈매직 쇼 프로그램〉 등 총 5편이 있고, 옮긴 책으로는 『포켓백과』, 『정보 동화』, 스팀 시리즈 『선』, 『정육면체』 등이 있습니다.

STEAM 3 사각형

1판 1쇄 인쇄 2013년 3월 20일 | 1판 3쇄 발행 2015년 1월 15일
글쓴이 게리 베일리·펠리샤 로 | 그린이 마이크 필립스 | 옮긴이 김경진 | 펴낸이 박혜숙 | 펴낸곳 미래M&B
총괄이사 이도영 | 편집책임 이지안 | 디자인책임 이정하 | 영업관리 장동환, 김대성, 김하연
등록 1993년 1월 8일(제10-772호) | 주소 서울시 마포구 동교로 134(서교동 464-43) 미진빌딩 2층 | 전화 02-562-1800 | 팩스 02-562-1885
전자우편 mirae@miraemnb.com | 홈페이지 www.miraei.com | 트위터 @miraeibooks | 네이버 카페 cafe.naver.com/miraeibooks
ISBN 978-89-8394-740-6 73410 | 978-89-8394-737-6(세트) | 값 10,000원
*잘못 만들어진 책은 바꾸어 드립니다.

아이의 미래를 여는 힘, **미래 i 아이**는 미래M&B가 만든 유아·아동 도서 브랜드입니다.

Leo and the Squares
Written by Gerry Balley & Felicia Law
Illustrated by Mike Phillips
Copyright © 2012 BrambleKids Ltd
All rights reserved.
KOREAN language edition © 2013 Mirae Media and Books, Inc.
KOREAN translation rights arranged with BrambleKids Ltd, UK through EntersKorea Co., Ltd., Seoul, Korea.

이 책의 한국어판 저작권은 (주)엔터스코리아를 통해 저작권자와 독점 계약한 미래M&B에 있습니다.
신 저작권법에 의해 한국 내에서 보호를 받는 저작물이므로 무단 전재와 무단 복제를 금합니다.